家庭料理の大革命

低温真空調理のレシピ

川上文代

はじめに

低温真空調理は、袋に食材を入れて密閉し、沸騰させない低温の湯の中で、調理する方法です。低温調理器、深型の容器（鍋）、密閉袋を用意すれば、常に一定した温度の調理が可能です。今までの料理が、一気にプロを凌ぐ料理に変身する、家庭料理の大革命となる調理方法です。

湯が対流するため、誤差なく均一に、確実な食材への火入れが可能となり、しっとり仕上がります。中はジューシーで衣はサクッとした唐揚げやとんかつ、絶妙な焼き加減のローストビーフやステーキなど、今までは切ってみるまで、食べてみるまで、不安だった料理を、自信を持って確実な状態で作ることができます。

真空調理では、袋の空気を抜いて調理することにより、浸透圧で食材の中まで味が染み込みやすく、熱が均一にすばやく食材に伝わります。

本書では、44℃、55℃、66℃、77℃、88℃というゾロ目の覚えやすい温度で、温度の違いによる食材の変化について解説し、種類別のレシピを掲載しています。最初はレシピ通りに作り、2回目以降は、牛肉だったら好きな部位に替えたり、温度もご自身のお好みの温度に調節していただければ、思い通りの状態に火が通ります。

低温調理器を使いこなし、ご家族やお友達をおもてなしすれば、皆様に〝おいしい〜〟〝料理上手ね〟〝また食べたい〟と、喜ばれるはずです。

低温真空調理で、おいしい料理を作って、楽しい食生活をお送りいただければ幸いです。

川上文代

低温真空調理の特徴

●調理法について

温度を一定に保った湯の中で、真空密閉した食材を加熱する調理法です。0.5℃刻みの低温調理器を使えば、1℃以内の誤差でその温度を保ちながら調理できます。低温で調理することでしっとりと火が通り、肉や魚などが驚くほどやわらかく、ジューシーに仕上がる調理法です。

●真空にする目的

真空にすることで、菌が減り、湯の温度が食材に均一に伝わり、また食材が湯に沈んで全体にまんべんなく火が通ります。また調理後は、そのまま冷却でき、冷蔵、冷凍保存も容易になります。

［その他の利点］
— 食材の持つ香り、味、栄養素が流出しにくい。
— 調味料の浸透効果、浸透効率が高く、味が食材に染み込みやすい。
— マリネ類は少量の調味料で、短時間でマリネできる。
— 食材の酸化や乾燥がしにくいので、鮮度を保ちやすい。
— 食中毒を引き起こす細菌やウィルスが入りにくい。

●気をつけたい温度と食材

厚生労働省が提唱している非加熱食品のガイドラインにおいては、〝中心部が63℃で30分以上または同等以上で加熱・殺菌〞とあります。本書では、豚肉、鶏肉、魚介など加熱しなければならない食材は66℃以上で加熱しています。

［その他の注意点］
— 新鮮な食材、正しい衛生管理のもとで販売されている食材を準備する。
— いちばん細菌が発生しやすいのが35℃前後。低温真空調理後は
　あまり時間を置かず、すぐに調理しない場合は急速冷却（氷水などで）する。

おいしくなる理由

●タンパク質の場合

肉や魚に含まれるタンパク質は加熱されることでかたくなったり、水分が抜けたりと、状態がどんどん変化します。主なタンパク質の一種〝ミオシン〟は40℃前後でねっとりおいしくなります（サーモンマリネ(p.70)は44℃の加熱でとろけるサーモンに変身）。徐々に温度を上げていくと〝アクチン〟というタンパク質が変性していき、66℃で水分が抜けてかたくなり、パサついてきます。低温調理はフライパンなどで一気に高温の熱を加える調理と違い、タンパク質がやわらかくジューシーに仕上がる40〜66℃を保ち、じっくり加熱することで、おいしく火入れができるのです。

●コラーゲンの場合

牛スネ肉、牛スジ肉など、長時間火を入れないとやわらかくならない食材は、70℃以上の温度で3時間以上加熱することで、コラーゲンがゼラチン化し、とろけるようにやわらかくなります。低温調理器であれば、温度を一定に保ちながら長時間加熱が可能なので、確実においしく仕上がります。

[コラーゲンを多く含む食材]
豚足・鶏皮・手羽先・軟骨・牛スジ肉・牛テール肉・豚バラ肉・スッポン・フカヒレ・エイヒレ・魚の皮・鰻・ナマコ・カレイ・海老・クラゲなど

●野菜や果物の場合

野菜や果物は加熱することで、生ではかたい食物繊維がやわらかくなります。しかし食物繊維を形成しているペクチンの分解は80℃以上、セルロースは90℃以上の加熱が必要になります。根菜など、セルロースだけで形成されている食材は低温調理ではやわらかくなりませんが、シャキッと歯応えを残したいピクルス、浅漬けのような調理には向いています。また、密閉・加熱作用により日持ちがするという利点もあります。反対にペクチンを多く含む食材は、80℃以上の低温調理に向き、煮物、コンポート、ジャムなど、料理の幅も広がります。

[ペクチンを多く含む食材]
グリーンピース・ビーツ・パプリカ・じゃがいも・さつまいも・にんじん・大根・キャベツ・なす・トマト・かぼちゃ・りんご・梨・洋梨・カシス・すもも・桃・あんず・いちご・ぶどう・すいか・さくらんぼ・柑橘類の皮など

Contents
目次

2　はじめに

4　低温真空調理の特徴

5　おいしくなる理由

低温調理を始める前に

11　・必要なもの

12　・準備する

13　・調味する

14　・食材を真空にする

15　・低温調理後のこと

Beef

はじめに試したいレシピ

18　ローストビーフ

Arranged Recipe

20　タリアータ

21　和風ローストビーフ

23　厚切りステーキ

24　大きなジューシーハンバーグ

26　ビーフシチュー

28　牛スネのオイスター炒め

29　牛スジの煮込み

Pork

はじめに試したいレシピ

32　ハーブのロースハム

34　サムギョプサル

36　焼きチャーシュー

39　角煮

40　自家製ソーセージ

42　厚切りジューシーとんかつ

44　スペアリブ

Chicken

はじめに試したいレシピ

48　鶏ハム

Arranged Recipe

50　棒々鶏

51　チキントマトサンド

53　鶏モモ肉のコンフィ

55　鴨肉のオレンジソース

56　ふっくら唐揚げ

58　鶏肉のクリーム煮

62　砂肝のコンフィ

63　レバーの赤ワイン煮

65　手羽元の燻製

Egg　卵を低温調理する

67　温泉卵・スクランブルドエッグ・塩茹で卵

Contents

Seafood

はじめに試したいレシピ
70　サーモンマリネ

72　秋刀魚のコンフィ

74　鯛のチーズパン粉焼き

78　ねっとり帆立貝

79　やわらか蛸とケイパー

81　魚介の海藻蒸し

82　エスニックシュリンプ

84　イカめし

88　鰯の梅煮

89　鯖の味噌煮

91　カレイの煮つけ

Vegetable &Fruit

はじめに試したいレシピ
94　トマトのマリネ

96　即席ザワークラウト

97　ミックスピクルス

98　マッシュルームのポタージュ

99　トマトのスープ

100　ポテトサラダ

101　かぼちゃの煮物

102　甘酒

103　しょうがシロップ

104　ブルーベリーソース

105　フルーツポンチ

106　アプリコットアイス

110　ピーチのコンポート

110　りんごの赤ワイン煮

この本の決まりごと
◎ 小さじ1は5㎖、大さじ1は15㎖、1合は180㎖、1カップは200㎖です。
◎ ごく少量の調味料の分量は「少々」で親指と人差し指でつまんだ分量、
　「ひとつまみ」は親指と人差し指、中指でつまんだ分量になります。
◎「適量」はちょうどよい分量、「適宜」は好みで入れなくてもよいということです。
◎ 野菜類は特に指定のない場合は、洗う、むくなどの作業を済ませてからの手順を説明しています。
◎ 調味料類は特に指定していない場合は、酒は日本酒、醤油は濃口醤油、塩は自然塩、出汁は鰹昆布出汁、
　胡椒は肉料理には黒胡椒、魚料理には白胡椒、オリーブオイルはエキストラバージンを使っています。

低温調理を始める前に

Preparation 01
必要なもの

1 低温調理器
現在、日本で流通している低温調理器の多くが、海外で製造されたものです。日本語の説明書があり、正規代理店を通して輸入されているものを選ぶと、安心です。鍋に固定して使う調理器なので、固定方法がクリップ式、またはネジ式のタイプがあります。自分の使い勝手がよいものを選びましょう。

2 耐熱性のあるポリ袋
本書では最高88℃で加熱するレシピを紹介します。水漏れしない、耐熱性のある、丈夫な食品用のポリ袋を使用するか、真空パック器用の袋を使用すると安心です。

3 深さ15cm以上ある鍋
低温調理器は鍋の縁に固定するので、深さ15cm以上ある、大きめの鍋を使用すると、調理器が安定します。

4 新鮮な食材
本書では低温で調理するため、食材は新鮮なもの、衛生的な環境で販売されているものを準備してください。

準備する

Preparation 02

1 必ず鍋敷きを使用する

温められた湯で鍋はかなり高温になります。鍋を設置する台が焦げつくことがありますので、必ず鍋敷きなどを使用してください。

2 鍋に水を入れる

鍋に低温調理器を固定したら、水を張ります。低温調理器の電熱棒にはMIN（最小）〜MAX（最大）の表示があるので、その間に水位が来るように水を注ぎます。食材を入れた際に、MAXを超えてしまうと、エラーになるので、その際は水を減らしてください。

3,4 温度を設定する

説明書に沿って、温度を設定します。設定温度になったらアラームが鳴るので、真空にした食材を入れて加熱開始です。一気にたくさん入れたり、冷たい食材を入れると、温度が一気に下がってしまいます。そんなときは最初から食材を入れて温度をセットすると、より正確に測れます。なかなか温度が上がらない場合は、タオルを被せたり、湯を入れても。ただ、低温調理器には温度を下げる機能がないので、設定温度より高い温度の湯を入れると、エラーになるので注意してください。

本書で設定する主な温度　［→華氏計算方法　°F =（°C×1.8）+ 32］

| 44°C (111.2°F) | 55°C (131°F) | 66°C (150.8°F) | 77°C (170.6°F) | 88°C (190.4°F) |

低温調理を始める前に

調味する
Preparation 03

塩分量は食材の重量に対して1％、もしくは1.5％

食材は真空にする前に塩、ハーブなどで下味をつけます。ソースなどをつけ合わせる場合は、食材の重量に対して1％の塩分量に（ヒトの体液の塩分濃度は約0.9％。それに近い塩分量にすることで、私たちはおいしいと感じます。本書は計算しやすく1％にしていますが、塩分が気になる方は0.9％で計算してください）。そのままいただくコンフィや、ご飯のおかず、酒のおつまみ、保存したい場合は、1.5％の塩分量に調整してください。

食材を真空にする

Preparation 04

しっかり空気を抜くことで熱がまんべんなく伝わる

耐熱性のある、丈夫なポリ袋に食材、調味料などを入れたら真空にします。真空にするコツは、台の上で食材の周囲の空気を抜いて封を閉じます。もしくは表面の空気を押さえて軽く抜き、ゆっくり水に沈めて袋を押さえるようにしながら水圧で空気を抜いてください。湯（低温調理器で温めている最中の湯でも）に沈めると、袋が食材に張りつくようにさらにきれいに空気が抜けます（その際はやけどなどしないようにトングなどを使用）。空気を抜いたあとは、しっかり封を閉じてください。多少はよいですが、袋の中に空気が残っていると、湯の熱がまんべんなく食材に伝わりません。

低温調理を始める前に

Preparation 05
低温調理後のこと

1 急速冷却する

すぐに調理しない場合は急速冷却（氷水など）します。保存する場合は、十分冷えてから、冷蔵、または冷凍保存してください。解凍する場合はそのまま水につけ、温める場合は加熱調理した温度の湯につけて温めます。

2 仕上げる

料理によっては、低温調理後、さっと揚げたり、ソテーすることで、余分な脂が抜けたり、カリッとした食感や、香ばしい焼き色と香りがついて、おいしく食べられます。仕上げをできる限り素早く行なうことで、低温調理した肉のやわらかさ、ジューシーさを損なわずに済みます。

Beef
牛肉

牛肉の低温調理は55〜66℃でやわらかくしっとりと火が通ります。ス
ネ肉、スジ肉など、長時間煮込むことでやわらかくなるコラーゲンの
多い部位は77℃でじっくりと火を通しています。まずはレシピ通りに
作ってみて、自分好みの温度や部位で楽しんでください。

はじめに試したいレシピ

ロービーフ

Beef 01

材料 《2人分》
牛ロース肉　250g（1枚）
塩　1％（2.5g）
胡椒　適量
タイム　4枝
バター　適量

ピケする
牛肉は全体に細かくピケする（穴を開ける）。ピケすることで、下味が入りやすくなる。細いステンレス製の魚串が使いやすいが、ない場合は、竹串やフォークなどを使う。

下味をつける
牛肉全体に塩、胡椒、タイムをもみ込む。

まずは試していただきたいローストビーフ。きれいなロゼ色に仕上がっているか、いちばん緊張する料理の代表選手です。ミディアムレアなら55℃、ミディアムなら66℃。まずはこの温度で試し、次回は60℃にするなど、自分好みの仕上がり温度を見つけましょう。

真空密閉する
密閉袋に入れ、真空にする。設定した温度の湯に入れ、50分加熱する。

［仕上がり目安］
55℃ ミディアムレア
66℃ ミディアム

低温調理終了
そのままでもよいが、こんがり焼き目をつけるとおいしい。牛肉を袋から取り出し、水気をペーパータオルでふき取る。

焼き目をつける
フライパンにバターを強火で熱し、牛肉の表面を香ばしくさっと焼く。

アレンジ
Next Page →

55℃ のローストビーフ

Arranged Recipe
タリアータ

ローストビーフを5mm厚さに切って器に盛り、好みの葉野菜を添える。
フライパンにオリーブオイル大さじ1を弱火で熱し、にんにく1かけ（半分に切り、芽を取って薄切り）をじっくり炒める。
にんにくが香ばしく色づいたら火を止めて粗熱を取り、バルサミコ酢大さじ1を加え、塩と胡椒で味を調える。
ローストビーフに回しかけ、ピーラーで薄く削ったパルミジャーノ・レッジャーノを散らし、胡椒をふる。

玉ねぎ½個（薄切り）を水にさらして水気をきり、器に敷く。
5mm厚さに切ったローストビーフをのせ、
おろしポン酢（大根おろし大さじ4とポン酢醤油大さじ1を混ぜたもの）をところどころにかけ、
好みの香味野菜（青じそやみょうがのみじん切り、細ねぎの小口切りなど）を散らす。

Arranged Recipe
和風ローストビーフ

66℃ のローストビーフ

厚切りステーキ

Beef 02

牛ロース肉のステーキ。ほどよい脂が食欲をそそります。脂は低温では溶けないので、仕上げに高温で脂を中心に、全体をさっと焼くのがポイント。もしくは最初に脂やスジを取ってから低温調理にかけてもいいでしょう。ヘルシーに食べたいなら、ヒレ肉やランプ肉など、好みのお肉を使ってください。

材料《2人分》
牛ロース肉　360g（1枚）
塩　1%（3.6g）
胡椒　適量
バター　適量
つけ合わせ
　グリーンアスパラガス　4本
　じゃがいも　2個
　バター　適量
　塩　適量
　胡椒　少々
ソース
　肉汁　全量
　赤ワイン　1/4カップ
　水溶き片栗粉　適量
　塩・胡椒　各少々

| 低温調理 | 55℃ | 50分 |

1. 牛肉は全体にピケし、塩と胡椒をもみ込む。密閉袋に入れ、真空にする。
2. 湯の温度を55℃に設定し、設定温度になったら50分加熱する。

| 仕上げ |

3. つけ合わせを準備する。グリーンアスパラガスははかまを取り、ピーラーで薄く皮をむいて塩茹でする。じゃがいもは皮をよく洗ってくし形切りにし、茹でる。茹で上がったらザルに上げて水気をきり、バターでソテーし、塩と胡椒で味を調える。
4. 牛肉を袋から取り出し、水気をペーパータオルでふき取る（肉汁は取っておく）。フライパンにバターを強火で熱し、牛肉の表面を香ばしくさっと焼いて3とともに器に盛る。
5. ソースの準備をする。4のフライパンに肉汁と赤ワインを入れて温め、水溶き片栗粉で軽くとろみをつける。塩と胡椒で味を調え、ステーキに回しかける。

厚くて大きなハンバーグはフライパンで焼きつけてからオーブンで中まで火を通すのが常ですが、低温調理なら全体がジューシーに仕上がります。今回は合い挽き肉を使用していますが、ステーキ用の牛肉を挽き肉にすると、断面はもっとロゼ色の仕上がりに。その場合は、55℃で加熱してください。

大きなジューシーハンバーグ
Beef 03

材料《2人分》
合い挽き肉　300g
玉ねぎ　80g
パン粉　15g
牛乳　大さじ2
卵　1個
塩・胡椒・ナツメグ　各少々
バター　適量

つけ合わせ
| にんじん　80g
| スイートコーン（缶詰）　80g
| バター　10g
| 砂糖　小さじ1
| 塩・胡椒　各適量

ソース
| 肉汁　全量
| 赤ワイン　大さじ2
| トマトケチャップ　大さじ2
| 中濃ソース　大さじ1

| 低温調理 | 66℃ | 50分 |

1. ボウルにパン粉、牛乳、卵を入れて混ぜておく。玉ねぎは粗みじん切りにする。
2. フライパンにバターを強火で熱し、玉ねぎをさっと炒めて火を止め、粗熱を取る。
3. 1のボウルに挽き肉、2の玉ねぎ、塩、胡椒、ナツメグを加えてよく混ぜ合わせる。
4. 3を2等分にし、ラップで包んで小判形に形を整える。再度ラップで包むと崩れにくくなる。密閉袋に並べて入れ、真空にする。
5. 湯の温度を66℃に設定し、設定温度になったら50分加熱する。

| 仕上げ |

6. つけ合わせを準備する。
にんじんは皮をむいて5mm厚さの輪切りにする。小鍋に入れて被る程度の水（分量外）、バター5g、砂糖、塩、胡椒を加えて蓋をして弱火で煮る。にんじんがやわらかくなったら、蓋を外して水分を飛ばしながら煮絡める。スイートコーンは残りのバターを熱したフライパンで軽く炒め、塩と胡椒で味を調える。
7. ハンバーグを袋から取り出し、水気をペーパータオルでふき取る（肉汁は取っておく）。フライパンにバターを強火で熱し、表面を香ばしくさっと焼き [a]、器に盛る。
8. 7のフライパンにソースの材料をすべて入れ、よく混ぜながら温める。7の器につけ合わせを添え、ソースを回しかける。

a

25 ———— 牛肉

ビーフシチュー

Beef 04

大きいぶつ切り肉を最初に焼きつけてから調理するので、香ばしさが肉の内側まで伝わります。赤ワインがかなり香りますが、仕上げでアルコール分をしっかり飛ばすので、お子様でもおいしく食べられます。

材料《2人分》

牛肩ロース肉　300g
玉ねぎ　80g
にんじん　30g
セロリ　20g
にんにく　½かけ
タイム　1枝
赤ワイン　½カップ
デミグラスソース　150g
塩・胡椒　各少々
バター　適量
キャロットグラッセ
|　にんじん　60g
|　バター　5g
|　砂糖　小さじ1強
|　塩・胡椒　各少々
マッシュルームソテー
|　マッシュルーム　4個
|　バター　10g
|　塩・胡椒　各少々
パセリ（みじん切り）　少々

> 低温調理　｜　77℃　｜　約4時間

1. 牛肉は5cm角に切り、塩と胡椒をもみ込む。
   玉ねぎ、にんじん、セロリ、にんにくはみじん切りにする。
2. フライパンにバターを中火で熱し、
   牛肉を返しながら全面をこんがり焼く[a]。
   余分な脂をペーパータオルでふき、
   みじん切りにした野菜を加えて香ばしく炒めて粗熱を取る。
3. 密閉袋に2、タイム、赤ワインを入れ、真空にする。
4. 湯の温度を77℃に設定し、設定温度になったら約4時間加熱する。

> 仕上げ

5. キャロットグラッセを準備する。
   にんじんは4cm長さに切り、6等分のくし形にして面取りする。
   小鍋に被る程度の水（分量外）とともに入れ、残りの材料を加え、
   蓋をして弱火で煮る。にんじんがやわらかくなったら、
   蓋を外して水分を飛ばしながら煮詰める。
6. マッシュルームソテーを準備する。
   マッシュルームは6等分のくし形切りにし、
   バターを熱したフライパンで香ばしく炒め、
   塩と胡椒で味を調える。
7. 牛肉を袋から取り出し、肉と煮汁に分ける。
   鍋にデミグラスソースを入れ、煮汁で溶きのばし、
   肉を加えてほどよい濃度まで煮込み、
   塩と胡椒で味を調える。
8. 器にシチューを盛り、5、6をのせて
   パセリを散らす。

a

牛スネのオイスター炒め

Beef 05

牛スネ肉のコラーゲンも低温調理でやわらかく仕上がります。キムチで炒めたり、コチュジャンをつけて葉野菜で包んでも絶品。

材料《2人分》
牛スネ肉　250g
青梗菜　1株
パプリカ　½個
長ねぎ　½本
しめじ　½パック
しょうが(みじん切り)　小さじ1
酒　大さじ1
みりん　大さじ1
オイスターソース　大さじ1
醤油　小さじ½
塩・胡椒　各適量
胡麻油　適量

| 低温調理 | 77℃ | 約4時間 |

1. スネ肉は1cm厚さのひと口大に切る。塩と胡椒をもみ込み、密閉袋に酒とみりんとともに入れて真空にする。
2. 湯の温度を77℃に設定し、設定温度になったら約4時間加熱する。

仕上げ

3. 青梗菜は縦6等分にし、3cm長さに切る。パプリカは縦1cm幅に切り、長ねぎは1cm幅の斜め切りにし、しめじは小房に分ける。
4. スネ肉を袋から取り出し、水気をペーパータオルでふき取る(煮汁は取っておく)。フライパンに胡麻油を中火で熱し、しょうがを炒める。
5. 香りが出たら、強火にしてスネ肉、パプリカ、長ねぎ、しめじを加えて炒める。
6. 全体に油が回ったら、青梗菜、オイスターソース、醤油、煮汁を加えて炒め合わせ、塩と胡椒で味を調える。

牛スジの煮込み
Beef 06

この肉は仕込んでおけば、カレーやシチュー、おでんなど、使い回しができてとても便利。牛バラ肉、牛テールでアレンジしても。

材料《2人分》
牛スジ肉　250g
こんにゃく　½枚
ごぼう　60g
しょうが（薄切り）　3g
出汁　½カップ
酒　大さじ1
みりん　大さじ1
砂糖　大さじ1
醤油　小さじ2
味噌　小さじ2
胡麻油　適量
一味唐辛子　適宜

低温調理	77℃	約4時間

1. スジ肉は4cm幅に切り、鍋に水から入れて茹でこぼし、よく洗う。
2. 密閉袋に水気をきったスジ肉、しょうが、出汁、酒、みりん、砂糖、醤油、味噌を入れ、真空にする。
3. 湯の温度を77℃に設定し、設定温度になったら約4時間加熱する。

仕上げ

4. ごぼうは2mm幅の斜め切りにし、水に10分浸す。こんにゃくは小さめにちぎり、下茹でする。
5. フライパンに胡麻油を中火で熱し、水気をきったごぼうとこんにゃくを炒め、3を煮汁ごと加える。煮汁が半量になるまで煮詰めたら器に盛り、好みで一味唐辛子をふる。

Pork
豚肉

豚肉の設定温度は66℃以上で。角煮やスペアリブなど、トロトロにやわらかく仕上げたい場合は、77℃でじっくり火を通します。本書の楽しみ方は、レシピを参考にしながら、自分流にアレンジすること。ハーブやスパイスを替えてみたり、違う料理に変身させてください。

はじめに試したいレシピ

ハーブのロースハム

Pork 01

豚肉の旨みとハーブの香りが堪能できる自家製ハムは至福のおいしさ。乾燥ハーブだけでは香りが強いので、フレッシュパセリでさわやかに。加熱温度は66℃なので、肉汁を閉じ込め、とにかくジューシー。ハーブが落ちないようにラップで包めば、形も綺麗に整えられ、一石二鳥の手法。

材料

《2人分》
豚肩ロース肉　360g
パセリ（みじん切り）　大さじ2
乾燥ミックスハーブ　小さじ1
塩　1.5％(5.4g)
胡椒　適量

下味をつけ、ラップで包む

豚肉は全体に細かくピケする。すべての材料を豚肉にまぶしてもみ込む。ラップでぴったりきつく包んで丸く形を整える。

真空密閉する

密閉袋に入れ、真空にする。湯の温度を66℃に設定し、設定温度になったら60分加熱する。すぐに調理しない場合は急速冷却（氷水など）し、冷蔵庫で保存する。冷蔵庫で4〜5日、冷凍庫で1か月保存可能。

豚肉を袋から取り出したら、
水気をペーパータオルで軽くふいて
好みの厚さに切る。
器に盛り、好みでバゲット、粒マスタード、
ピクルスなどを添える。

豚肉

Pork 02 サムギョプサル

本来は大きな塊肉で時間をかけて焼く韓国料理・サムギョプサル。低温調理なら、肉汁を逃さずに火が入るので、仕上げは片面だけ、香ばしくささっと焼きつけるだけ。鶏ガラスープで旨みも増したレシピです。炒めものに使ったり、回鍋肉にアレンジするのもおすすめです。

材料《2人分》
豚バラ肉　300g
鶏ガラスープ　½カップ
塩　1%（3g）
胡椒　適量
胡麻油　適量
キムチ　適量
レタス　適量

| 低温調理 | 66℃ | 50分 |

1. 豚肉は全体にピケし、塩と胡椒をもみ込む。密閉袋に鶏ガラスープとともに入れ、真空にする。
2. 湯の温度を66℃に設定し、設定温度になったら50分加熱する。

仕上げ

3. 豚肉を袋から取り出し、水気をペーパータオルでふき取る。4mm厚さに切り、胡麻油をまぶす。
4. グリルパンで豚肉の片面をこんがり焼きつける。キムチとレタスとともに器に盛り、レタスに豚肉とキムチを包んで食べる。

35 ── 豚肉

しっとりジューシーに仕上がったチャーシュー。焼きつけずにそのままスライスして食べるのも美味。真空にするので漬け汁も少なく、煮詰めるのにも時間がかからず、低温調理器任せの料理です。おもてなしや、人が集まるときなど、とても喜ばれるメニューです。余ったら炒飯に加えたり、ラーメンのトッピングなどにしても。

焼きチャーシュー
Pork 03

材料《2人分》
- 豚肩ロース肉　360g
- 鶏ガラスープ　½カップ
- 酒　大さじ2
- 砂糖　大さじ2
- 醤油　20mℓ
- 胡麻油　適量
- 水溶き片栗粉　適量
- 白髪ねぎ　適量
- パクチー　適量

| 低温調理 | 66℃ | 60分 |

1. 豚肉は全体にピケし、たこ糸で形を整える。密閉袋に鶏ガラスープ、酒、砂糖、醤油とともに入れ、真空にする。
2. 湯の温度を66℃に設定し、設定温度になったら60分加熱する。

仕上げ

3. 豚肉を袋から取り出してたこ糸を外し、水気をペーパータオルでふき取る(煮汁は取っておく)。
4. フライパンに胡麻油を強火で熱し、豚肉の表面を転がしながら香ばしくさっと焼く。5mm厚さに切り、器に盛る。
5. 4のフライパンに煮汁を入れて温め、水溶き片栗粉で軽くとろみをつける。チャーシューに回しかけ、白髪ねぎとパクチーを添える。

37 ── 豚肉

角煮

Pork 04

最初に肉の表面を焼きつけ、脂を出してから低温調理にかけるので、旨みはそのままに、ヘルシーに食べられます。煮汁に浮いた脂は取り除くと、さらにさっぱりとした仕上がりに。トロトロにやわらかくしたかったので77℃ですが、しっとり仕上げたければ、66℃で50分の加熱でも楽しめます。

材料《2人分》
豚バラ肉　360g
出汁　½カップ
酒　大さじ1
みりん　大さじ1
砂糖　大さじ1
醤油　20mℓ
胡麻油　適量
白髪ねぎ　適量

| 低温調理 | 77℃ | 約4時間 |

1. 豚肉は6等分に角切りする。
2. フライパンに胡麻油を強火で熱し、豚肉を返しながら全面をこんがり焼く。
3. 密閉袋に2の肉、出汁、酒、みりん、砂糖、醤油を入れ、真空にする。
4. 湯の温度を77℃に設定し、設定温度になったら約4時間加熱する。

| 仕上げ |

5. 煮汁ごと鍋に移して弱火にかけ、煮汁の上に浮いた脂を取り除きながら温める。器に盛り、白髪ねぎを添える。

自家製ソーセージ

Pork 05

挽き肉に加工肉を加えることで、旨みと深みが増します。腸詰を使わずに、ラップで作れるので手軽です。レモンの皮やバジルを入れてレモンハーブ風味のソーセージに、カイエンペッパーやカルダモンを入れてスパイシーソーセージに、生クリームを入れて白ソーセージにしたりと、アレンジも広がります。

a

材料《2人分》

豚挽き肉　250g

塩・胡椒　各適量

玉ねぎ　50g

エリンギ　50g

にんにく（みじん切り）　少々

ローズマリー（みじん切り）
　小さじ½

加工肉（みじん切り）　50g

＊ハム、サラミなどを合わせて

オリーブオイル　適量

マスタード　適宜

| 低温調理 | 66℃ | 50分 |

1. 玉ねぎ、エリンギは粗みじん切りにする。
2. フライパンにオリーブオイルを弱火で熱し、にんにくを炒める。香りが出たら、強火にして玉ねぎとエリンギを加える。香ばしくさっと炒めて火を止め、粗熱を取る。
3. ボウルにオリーブオイルとマスタード以外の材料をすべて入れ、よく混ぜ合わせる。
4. 3を2等分し、それぞれ広げたラップの上に置く。ラップの端を持ちながら張るようにカードなどを使って棒状に形を整え[a]、両端を結ぶ。密閉袋に並べて入れ、真空にする。
5. 湯の温度を66℃に設定し、設定温度になったら50分加熱する。

| 仕上げ |

6. ソーセージを袋から取り出してラップを外し、水気をペーパータオルでふき取る。
7. フライパンにオリーブオイルを強火で熱し、ソーセージの表面に焼き色をつけて器に盛る。好みでマスタードをつけて食べる。

豚肉

厚切りジューシーとんかつ

Pork 06

肉はやわらかく、衣はサックサク。お店に引けを取らないおいしさ。火が入っている肉は衣がつきにくいので、卵と薄力粉を混ぜたバッター液にくぐらせ、パン粉をつけます。パン粉はたっぷりとつけ、肉のやわらかいジューシーさも損ないたくないので、高温の油で衣にだけ火を通すのがコツ。ビーフカツにする場合は、55℃で40分が目安です。

材料《2人分》

豚ロース肉　360g (2枚)
塩　1% (3.6g)
胡椒　適量
卵　1個
薄力粉　大さじ3
パン粉　適量
揚げ油　適量
キャベツ (せん切り)　適量
レモン　適量
和からし　適量
とんかつソース　適量

| 低温調理 | 66℃ | 40分 |

1. 豚肉は全体にピケし、塩と胡椒をもみ込む。密閉袋に入れ、真空にする。
2. 湯の温度を66℃に設定し、設定温度になったら40分加熱する。

| 仕上げ |

3. 豚肉を袋から取り出し、水気をペーパータオルでふき取る。
4. ボウルに卵と薄力粉を入れて泡立て器で混ぜたバッター液を用意する [a]。豚肉をくぐらせ、パン粉をたっぷりつける。
5. フライパンに揚げ油を高温 (200℃程度) で温める。4の豚肉をそっと入れ、衣がきつね色になったら油をよくきって好みの厚さに切り、器に盛る。キャベツ、レモン、和からしを添えてとんかつソースを回しかける。

a

43 豚肉

Pork 07
スペアリブ

ほろりと骨から身が外れるスペアリブ。バーベキュー味にしましたが、五香粉で中華風にしたりアレンジしてください。ジューシーな豚スペアリブにしたい場合は66℃で50分の加熱に。牛スペアリブも77℃の温度で約4時間、もしくは66℃の温度で50分が目安になります。

材料《2人分》

豚スペアリブ　500g(4本)

塩　4g

胡椒　適量

はちみつ　大さじ1

ケチャップ　大さじ1

にんにくのすりおろし
　　小さじ½強

水溶き片栗粉　適量

バター　適量

フライドポテト　適宜

| 低温調理 | 77℃ | 約4時間 |

1. スペアリブは全体にピケし、塩と胡椒をもみ込む。はちみつ、ケチャップ、にんにくのすりおろしとともに密閉袋に入れて(鋭い骨が出ている場合は、袋が破けないようにラップで骨を巻いてから袋に入れる)袋の上からもみ込んで、真空にする。
2. 湯の温度を77℃に設定し、設定温度になったら約4時間加熱する。

仕上げ

3. スペアリブを袋から取り出し、水気をペーパータオルでふき取る(煮汁は取っておく)。
4. フライパンにバターを強火で熱し、スペアリブの表面を香ばしくさっと焼いて器に盛る。
5. 4のフライパンに煮汁を入れて温め、水溶き片栗粉で軽くとろみをつける。
6. 好みでフライドポテトとともに器に盛り、5のソースを回しかける。

45　豚肉

Chicken

鶏肉

モモ肉、ムネ肉、骨つき、内臓系などいろんな部位で楽しめる鶏肉。
皮つきであれば、仕上げに皮目を香ばしく焼きつけると、さらにおいし
くなります。前もって低温調理だけしておいて、ささっと仕上げだけを
すれば、夕ご飯の支度も短時間で済み、確実においしく仕上がります。

はじめに試したいレシピ

鶏ハム

Chicken 01

材料 《2人分》
鶏ムネ肉　250g（1枚）
塩　1.5％（3.75g）
胡椒　適量
ローリエ　1枚

ピケする
鶏肉は全体にピケする。

下味をつける
鶏肉全体に塩、胡椒をもみ込み、ローリエを中央にのせる。

パサつきやすいムネ肉もしっとりやわらかく。モモ肉を使う場合は、脂が多いので、皮を除いて調理するとさっぱり食べられます。今回は、アレンジで棒々鶏とサンドイッチを作りましたが、角切りにしてサラダやピラフに入れたり、細かく裂いてマヨネーズで和えたりと、作っておくといろいろな料理に使えます。

アレンジ
Next Page →

真空密閉する 密閉袋に入れ、真空にする。66℃に設定し、設定温度になったら50分加熱する。

低温調理終了 すぐに調理しない場合は急速冷却（氷水などで）し、冷蔵庫で保存する。冷蔵庫で4～5日、冷凍庫で1か月保存可能。

棒々鶏 Arranged Recipe

鶏ハムを袋から取り出し、水気をペーパータオルでふき取る。皮を取り除き、繊維に沿ってほぐす。
もやし1袋（ひげ根を取る）は1分ほど塩茹でし、ザルに広げて冷ます。
水気をきったもやし、きゅうり½本（細切り）とともに鶏ハムを器に盛って白髪ねぎをのせ、
胡麻だれ（練り胡麻大さじ5、砂糖大さじ5、醤油大さじ1、酢大さじ1、胡麻油小さじ1を混ぜたもの）を回しかける。

鶏ハムを袋から取り出し、水気をペーパータオルでふき取って3mm厚さに切る。

サンドイッチ用食パン6枚の片面にマスタードマヨネーズバター

(やわらかいバター10g、マヨネーズ大さじ2、粒マスタード大さじ1を混ぜたもの)を塗る。

鶏ハムとトマト1個(3mm厚さの輪切り)を挟み、食べやすい大きさに切る。

Arranged Recipe

チキントマトサンド

コンフィも低温真空調理なら少ない油で手軽に作れるのがうれしいところ。コラーゲンを分解し、ホロッとさせるために77℃の温度で約4時間ほど加熱します。仕上げに袋に残った脂で皮目を揚げ焼きするのが、さらにおいしくするコツ。オリーブオイルをラードに替えると、よりコクと風味が増します。

鶏モモ肉のコンフィ

Chicken 02

材料《2人分》
骨つき鶏モモ肉　400g(2本)
塩　1.5%(6g)
胡椒　適量

にんにく　1かけ
セージ　2枚
オリーブオイル(またはラード)
　　40ml
つけ合わせ
　ミックスビーンズ(水煮)　120g
　バター　10g
　塩・胡椒　各少々
レモン　適量

| 低温調理 | 77℃ | 約4時間 |

1. 鶏肉は全体にピケし、塩と胡椒をもみ込む。密閉袋に3mm幅に切ったにんにく、セージ、オリーブオイルとともに入れ、真空にする。
2. 湯の温度を77℃に設定し、設定温度になったら約4時間加熱する。

| 仕上げ |

3. 鶏肉を袋から取り出し、肉汁をカップに入れる。上澄みの脂大さじ1をすくってフライパンで中火で熱し、鶏肉の皮目をこんがりカリッと焼く。
4. つけ合わせを準備する。小鍋にバターを熱し、ミックスビーンズを軽く炒めて塩、胡椒、水大さじ1(分量外)を加えて温める。コンフィとともに器に盛り、レモンを添える。

53 ── 鶏肉

鴨肉は肉質的には牛肉と同じ赤身肉なので、55℃で加熱します。皮目に細かく切り目を入れることで、余分な脂を出しますが、身まで切ってしまうと、肉汁まで出てしまうので注意して。また表裏しっかりピケしてもみ込むことで、中まで下味が染み込みます。つけ合わせにマッシュポテトやかぼちゃのグラタンを添えれば、おもてなしとしても十分。ソースのフルーツはチェリーなどに替えても。

鴨肉のオレンジソース

Chicken 03

材料《2〜3人分》
鴨ムネ肉　500g(2枚)
塩　1％(5g)
胡椒　適量
オレンジ　1個
ソース
　肉汁　全量
　バター　5g
　砂糖　小さじ1
　ブランデー　大さじ1
　オレンジのリキュール
　　（またはブランデー）　大さじ1
　デミグラスソース　50g
　塩・胡椒　各少々
ラディッシュ（またはルッコラ）　適量

| 低温調理 | 55℃ | 50分 |

1. 鴨肉は筋や余分な脂を取り除いて
   皮目に切り込みを入れ[a]、全体にピケをする。
   塩と胡椒をもみ込み、密閉袋に入れて真空にする。
2. 湯の温度を55℃に設定し、
   設定温度になったら50分加熱する。

| 仕上げ |

3. 鴨肉を袋から取り出し、
   水気をペーパータオルでふき取る（肉汁は取っておく）。
4. ソースを準備する。
   オレンジは皮をむいて果肉を6房取り分け、
   残りは果汁を搾る。
   小鍋にバターと砂糖を弱火で熱し、
   カラメル色になったら、肉汁、ブランデー、
   オレンジのリキュール、オレンジの果汁、
   デミグラスソースを加え、塩と胡椒で味を調える。
5. フライパンを強火で熱し、
   鴨肉の皮目をこんがり焼いて余分な脂を抜き、
   全体をさっと焼く[b]。3mm厚さに切って器に盛り、
   オレンジの果肉とラディッシュを添え、
   4のソースを回しかける。

a

b

ふっくら唐揚げ

Chicken 04

鶏肉は好みの部位を使ってください。加熱する前に袋の上からしっかりもみ込んで下味をつけるのがコツ。衣は卵と薄力粉を合わせて作ります。高温でさっと揚げて衣にだけ火を通すようにすると、やわらかくてジューシーな、衣も軽やかな絶品唐揚げが、失敗なく、ご家庭で楽しめます。

材料《2人分》
鶏モモ肉　300g（1枚）
しょうがのすりおろし　小さじ1
酒　小さじ2
みりん　小さじ2
醤油　大さじ1
塩・胡椒　各少々
卵　1個
薄力粉（または片栗粉）　大さじ3
揚げ油　適量
すだち　適量

| 低温調理 | 66℃ | 50分 |

1. 鶏肉は4cm角に切り、しょうがのすりおろし、酒、みりん、醤油、塩、胡椒とともに密閉袋に入れる。袋の上からもみ込み、真空にする。
2. 湯の温度を66℃に設定し、設定温度になったら50分加熱する。

仕上げ

3. ボウルに卵とふるった薄力粉を入れて泡立て器で混ぜ、肉をくぐらせる。
4. フライパンに揚げ油を高温（200℃程度）で温める。3の鶏肉をそっと入れ、衣がきつね色になったら油をきって器に盛り、すだちを添える。

玉ねぎはセルロースが多く、低温ではやわらかくならないので、最初に炒めるのがポイント。仕上げもさっと温めるだけなので、生クリームの香りやフレッシュさも損ないません。鶏肉を低温調理しておき、仕上げだけ、夕ご飯前にすれば、忙しい夜でも本格的なクリーム煮が食べられます。

鶏肉のクリーム煮

Chicken 05

材料《2人分》

- 鶏もも肉　300g (1枚)
- 塩　1% (3g)
- 胡椒　適量
- 薄力粉　大さじ1
- 玉ねぎ　50g
- 白ワイン　大さじ2
- チキンブイヨン　¼カップ
- 生クリーム　80㎖
- 小玉ねぎのグラッセ
  - 小玉ねぎ　4個
  - バター　5g
  - 砂糖　小さじ1強
  - 塩・胡椒　各少々

| 低温調理 | 66℃ | 50分 |

1. 鶏肉は4等分に切り、塩と胡椒をもみ込み、薄力粉をまぶす。玉ねぎはみじん切りにする。
2. フライパンにバター適量(分量外)を中火で熱し、あまり焼き色をつけないように、鶏肉の皮目から余分な脂を出すように焼いて取り出す。出てきた脂をペーパータオルでふき、玉ねぎを加えて炒め、白ワイン、チキンブイヨンを加えて2〜3分煮て、火を止める。
3. 粗熱が取れたら、密閉袋に入れて真空にする。
4. 湯の温度を66℃に設定し、設定温度になったら50分加熱する。

仕上げ

5. 小玉ねぎのグラッセを準備する。小玉ねぎは皮をむき、芯に十字の切り込みを入れる。小鍋に残りの材料とともに入れ、小玉ねぎが被る程度の水(分量外)を注いで蓋をする。弱火で煮て、竹串が刺さる程度にやわらかくなったら、蓋を外して水分を飛ばし、煮絡める。
6. フライパンに4を煮汁ごとあけて生クリームを加える。温めてとろりとしたら器に盛り、小玉ねぎのグラッセを添える。

砂肝のコンフィ

レバーの赤ワイン煮

銀皮もスジも取らずにそのままで調理できる砂肝のコンフィ。ワインのお友にもぴったりな一品なので、塩分は少し高めの1.5％にしています。少しコリコリした食感を残したい場合は下処理をし、66℃で50分の加熱でも楽しめます。

砂肝のコンフィ
Chicken 06

材料《2人分》
砂肝（銀皮つき）　300g（10個）
塩　1.5％（4.5g）
胡椒　適量
セージ　2枚
オリーブオイル　40mℓ

低温調理 ｜ 77℃ ｜ 約4時間

1. 砂肝は銀皮がついたまま半分に切り、塩と胡椒をもみ込む。密閉袋にセージ、オリーブオイルとともに入れ、真空にする。
2. 湯の温度を77℃に設定し、設定温度になったら約4時間加熱する。

仕上げ

3. 器に2を盛って胡椒をふり、セージ（分量外）を添える。

レバーの赤ワイン煮

Chicken 07

しっとりやわらかく火が通っているので、煮崩れないように焼いてから味を調えてください。フードプロセッサーにかければ、レバーペーストとしても楽しめます。その場合は、好みですりおろしたにんにくやハーブをバターで炒めて加えると、さらに香りよく仕上がります。

材料《2人分》

鶏レバー　300g
塩　1.5％(4.5g)
胡椒　適量
赤ワイン　1/2カップ
はちみつ　大さじ1強
バルサミコ酢　大さじ1
バター　適量

低温調理 ｜ 77℃ ｜ 30分

1. レバーは筋を取って3cm角に切り、塩と胡椒をまぶす。
   密閉袋に赤ワインとともに入れ、真空にする。
2. 湯の温度を77℃に設定し、設定温度になったら30分加熱する。

仕上げ

3. レバーを袋から取り出し、水気をふき取る(煮汁は取っておく)。
   フライパンにバターを中火で熱し、レバーをこんがり焼き、
   煮汁、はちみつ、バルサミコ酢を加えて煮絡める。

低温調理で火が通っているから、スモークはほんの一瞬で終了。今回は手羽元を使用していますが、ほかにもハーブのロースハム(p.32)や鶏ハム(p.48)など、66℃で火を通したお肉がしっとりしていて燻製におすすめ。スモーキーな香りで、また違うおいしさを発見できます。

手羽元の燻製

Chicken 08

材料《2～3人分》
鶏手羽元　400g(8本)
塩　1.5%(6g)
胡椒　適量
エリンギ　1本
うずらの卵(茹で)　4個
桜のチップ　ひとつかみ

| 低温調理 | 66℃ | 50分 |

1. 手羽元は全体にピケし、塩と胡椒をもみ込む。
   エリンギは縦半分に切り、手羽元、
   うずらの卵とともに密閉袋に入れ、真空にする。
2. 湯の温度を66℃に設定し、
   設定温度になったら50分加熱する。

| 仕上げ |

3. 手羽元、エリンギ、うずらの卵を袋から取り出し、
   水気をペーパータオルで軽くふき取る。
4. 中華鍋の内側にアルミホイルを敷き、桜のチップをのせる。
   網をのせ、3を並べる。
   アルミホイルを内側に敷いたボウルを被せ、強火にかける。
5. 煙が出てきたら中火にし、2分たったら火を止めて
   そのまま8分ほど置く[a]。

a

Egg

低温調理器を使えば、温泉卵も、茹で卵も狙い通りの火加減で作れます。卵がかたまってくる温度が62℃から。卵黄がかたまるのが68℃。全体がかたまる温度が80℃前後です。高温で加熱した卵は卵白と卵黄の間が青くなりますが、低温調理なら写真のように美しいでき上がり。卵黄がトロトロのトロ玉を楽しみたい場合は88℃で8分が目安です。

88℃・20分

77℃・25分

卵を低温調理する

Egg 01 温泉卵

材料《作りやすい分量》
卵　好みの個数

| 低温調理 | 66℃ | 30分 |

1. 水に卵を直接入れて湯の温度を66℃に設定し、設定温度になったら30分加熱する。
2. 卵を取り出し、冷水で冷やす。

Egg 02 スクランブルドエッグ

材料《2人分》
卵　3個
生クリーム　大さじ2
塩　ふたつまみ(1.5g)
胡椒　少々

| 低温調理 | 77℃ | 20分 |

1. 密閉袋にすべての材料を入れ、袋の上からもみ混ぜ、真空にする。
2. 湯の温度を77℃に設定し、設定温度になったら15分加熱する。
3. 一度取り出してタオルなどで潰しながら全体を混ぜ[a]、再び5分加熱する。

a

Egg 03 塩茹で卵

材料《2人分》
卵　2個
塩　小さじ1/2
水　1/2カップ

| 低温調理 | 77℃ | 25分 |
| 低温調理 | 88℃ | 20分 |

1. 密閉袋に塩と水を入れて混ぜ、卵を入れて真空にする。
2. 水に1を入れて湯の温度を77℃に設定し、設定温度になったら25分加熱する。もしくは88℃に設定し、20分加熱する。
3. すぐに取り出し、冷水で冷やす。袋のまま軽くひびを入れ、3時間ほど置いて味を染み込ませる。

Seafood
魚介

火加減が難しい和食の代表、魚料理も少ない煮汁で仕上がります。お魚料理が苦手な人こそ、焦げつかせる心配のない低温調理がおすすめです。魚は湯通しすれば、においも気にならず、ふっくらやわらかい仕上がり。骨ごと食べる場合は、77℃でじっくり火を通してください。

はじめに試したいレシピ

サーモンマリネ

Seafood 01

お刺身用のサーモンを使えば、44℃、55℃の低温調理も可能。44℃のサーモンはまさにねっとりと、とろけるような舌触り。ペーストにしたり、たたいて青ねぎと合わせても。鮪の赤身、鯵なども、マリネでおいしく食べられます。仕上げに小麦粉を薄くはたいてバターで香ばしく焼きつけても美味。

材料

《2人分》
サーモン　200g(2切れ)
＊冷凍生食、または刺身用
塩　1%(2g)
胡椒　適量
好みのハーブ
＊ディル、イタリアンパセリ、スイートバジルなど
オリーブオイル　適宜

下味をつけ、真空密閉にする

サーモンは全体に塩と胡椒をまぶし、ハーブとともに密閉袋に入れる。好みでオリーブオイル大さじ1を加える。真空にし、設定した温度の湯に入れ、40分加熱する。

［仕上がり目安］
| 44℃ | とろける
| 55℃ | やわらかい
| 66℃ | ちょうど火が通った状態

冷やす

すぐに調理しない場合は急速冷却（氷水などで）し、冷蔵庫で保存する。

好みで野菜を添えたり、
ドレッシングをかけていただく。

魚介

秋刀魚のコンフィ

Seafood 02

小さな魚は骨つきのまま77℃でコンフィにすると、骨ごと食べられます。ワカサギ、鮎、豆鯵なども同じレシピで作れますが、小さいので内臓だけ取り、丸ごとコンフィにしても。今回は秋刀魚に合わせ、香りの強いローズマリーを使いましたが、ディル、タイム、セージに替えたり、胡椒を効かせて楽しんでも。

材料《2人分》
秋刀魚　2尾
塩・胡椒　各適量
オリーブオイル　大さじ3
ローズマリー　1枝

| 低温調理 | 77℃ | 約4時間 |

1. 秋刀魚は頭を落とし、3cm幅の筒切りにする。菜箸を入れて内臓を取り除き、水洗いする。
2. 塩適量（分量外）をまぶし、10分ほど置く。流水で洗い流して水気をきり、さっと湯通しする。
3. 秋刀魚の水気をペーパータオルでふき取り、塩と胡椒をまぶす。密閉袋にオリーブオイル、ローズマリーとともに入れて真空にする。
4. 湯の温度を77℃に設定し、設定温度になったら約4時間加熱する。

鯛のチーズパン粉焼き

Seafood 03

材料《2人分》

- 鯛　200g（2切れ）
- 塩　1%（2g）
- 胡椒　適量
- ドライトマト（5mm角切り）　5g
- 玉ねぎ（5mm角切り）　30g
- 白ワイン　大さじ2
- チーズパン粉
  - やわらかいバター　15g
  - 粉チーズ　15g
  - パン粉　15g
    *細挽き、またはザルでふるう
  - 塩・胡椒　各少々
- にんにく（みじん切り）　少々
- 水溶き片栗粉　適当
- 塩・胡椒　各少々
- オリーブオイル　適量
- チャービル　適宜

| 低温調理 | 66℃ | 30分 |

1. 鯛は塩と胡椒をまぶす。密閉袋にドライトマト、玉ねぎ、白ワインとともに入れ、真空にする。
2. 湯の温度を66℃に設定し、設定温度になったら30分加熱する。

| 仕上げ |

3. チーズパン粉の材料を混ぜ合わせ、冷蔵庫で冷やしておく。
4. 鯛を袋から取り出し、水気をペーパータオルでふき取る（煮汁は取っておく）。アルミホイルを敷いた耐熱皿に皮目を上にしてのせる。
5. 3を冷蔵庫から取り出し、ラップに挟んで麺棒で細長く薄くのばして鯛の上にのせる[a]。オーブントースター（あれば上火のグリル）で、衣がこんがりカリッとするまで3〜4分焼く。
6. 鍋にオリーブオイルを弱火で熱し、にんにくを色づくまで炒める。煮汁を加えて沸騰させる。塩と胡椒で味を調え、水溶き片栗粉で軽くとろみをつける。
7. 器に6のソースを広げて5の鯛を盛り、好みでチャービルを添える。

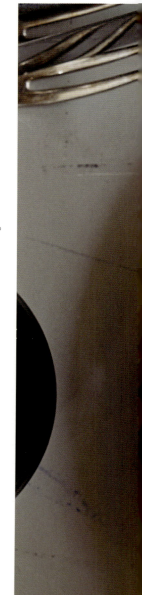

a

身はフワッと、衣はカリッと仕上げました。チーズパン粉をつけずに、熱く熱したバターで皮目を香ばしく焼きつけてもいいです。スズキ、鱈など淡白な白身魚であれば、おいしく調理できます。

ねっとり帆立貝

やわらか蛸とケイパー

ねっとりと、甘く仕上がった帆立貝。薄切りにしてペパーミントを添えましたが、表面をさっと焼いてもよいし、たたいてオリーブオイルと和えてタルタル風にして、クラッカーにのせても。

ねっとり帆立貝

Seafood 04

材料《2人分》
帆立貝（刺身用）　120g
塩　1%（1.2g）
胡椒　少々
ペパーミント　ひとつかみ
オリーブオイル　適量

| 低温調理 | 44℃ | 50分 |

1. 帆立貝は水気をペーパータオルでふき取り、塩と胡椒をまぶす。
   密閉袋にペパーミント少々とともに入れ、真空にする。
2. 湯の温度を44℃に設定し、設定温度になったら50分加熱する。

| 仕上げ |

3. 2を袋ごと氷水で冷やす。
4. 帆立を袋から取り出し、そぎ切りにして器に盛る。残りのペパーミントを添え、オリーブオイルを回しかけ、塩と胡椒（分量外）をふる。

驚くほど、やわらかく仕上がる蛸。歯応えがあるほうが好みであれば、55℃で調理しても。また蛸は海水を含んでおり、さらに塩でもんで洗うので、1%の塩分量だと辛くなります。薄切りにしてカルパッチョにしたり、豆と和えたり、トマトソースとスイートバジルを添えてイタリアンメニューとしても楽しめます。

やわらか蛸とケイパー
Seafood 05

材料《2人分》
生蛸　150g
塩　適量
胡椒　少々
イタリアンパセリ　1枝
白ワイン　大さじ1
ケイパー(酢漬け)　大さじ2
オリーブオイル　適量

| 低温調理 | 44℃ | 50分 |

1. 生蛸は塩適量(分量外)をまぶし、しごきながらもんで洗う。さっと湯通しして水気をペーパータオルでふき取り、塩と胡椒をまぶす。
2. 密閉袋にイタリアンパセリ、白ワインとともに入れて真空にする。
3. 湯の温度を44℃に設定し、設定温度になったら50分加熱する。

| 仕上げ |

4. 3を袋ごと氷水で冷やす。
5. 器に蛸を盛り、ケイパーを散らし、オリーブオイルを回しかける。

魚介の海藻蒸し

Seafood 06

通常、海藻は熱を加えると、色も歯応えも悪くなりますが、低温調理なら大丈夫。魚はサーモンや、鯛、鱈などで、イカは砂抜きしたアサリで作っても。ただ、アサリを使う場合は塩分が強いので、塩を入れないで調理してください。ソースはなくてもおいしいですが、コクのある卵黄のソースがよく合います。

材料《2人分》
海藻ミックス(乾燥)　3g
魚介　200g
| スズキ　140g(2切れ)
| イカ(輪切り)　60g
塩　1%(2g)
胡椒　少々
白ワイン　大さじ2
ソース
| 煮汁　全量
| 卵黄　1個
| オリーブオイル　大さじ2
| 塩・胡椒　各少々

| 低温調理 | 66℃ | 30分 |

1. 海藻ミックスは水で3分ほど戻し、ザルに上げて水気をきる。半分に切ったスズキとイカに塩と胡椒をまぶして10分ほど置き、水気が出てきたらペーパータオルでふき取る。
2. 密閉袋に1と白ワインを入れ、真空にする。
3. 湯の温度を66℃に設定し、設定温度になったら30分加熱する。

| 仕上げ |

4. スズキ、イカ、海藻を袋から取り出し、器に盛る(煮汁は取っておく)。
5. ソースを準備する。
小鍋に煮汁と卵黄を入れ、弱火にかけながら泡立て器で泡立てながら卵黄に火を通す。ねっとりしたら火から下ろし、マヨネーズを作る要領でオリーブオイルを少しずつ垂らしながら加える。塩と胡椒で味を調え、4に回しかける。

Seafood 07

エスニックシュリンプ

材料《2人分》

海老（ブラックタイガーなど）
　正味200g（10尾）
ウイスキー（または日本酒）
　小さじ1
ナンプラー　小さじ1/2
胡椒　少々
パプリカパウダー　小さじ1/4
カレー粉　小さじ1/4
オリーブオイル　適量
パクチー　適量

| 低温調理 | 66℃ | 40分 |

1. 海老は頭と背ワタを取り除き（殻はつけたまま）、ウイスキー、ナンプラー、胡椒をふる。密閉袋に入れて真空にする。
2. 湯の温度を66℃に設定し、設定温度になったら40分加熱する。

仕上げ

3. 海老を袋から取り出し、パプリカパウダーとカレー粉をまぶす。
4. フライパンにオリーブオイルを中火で熱し、3の海老の表面を香ばしくさっと焼く。
5. ざく切りしたパクチーとともに器に盛り、好みでパプリカパウダーと塩（ともに分量外）をふる。

エスニックなシュリンプに仕上げ、たっぷりとパクチーを添えました。ナンプラーは塩気が強いので、控えめに加えます。そのままでもおいしいですが、春雨サラダに加えたり、エスニック風ヌードルのつけ合わせにしても。

イカめし

Seafood 08

身はやわらかく、しっとり。洗米したもち米をすぐに炊き、イカに詰めて調理します。歯応えを残したければ、77℃で加熱してください。余ったご飯や雑穀入りのご飯を詰めても。煮汁は軽く煮詰めて少し濃いめにするとおいしいです。

材料《2〜3人分》
するめイカ　2杯
もち米　1合
A｜出汁　½カップ
　｜酒　20㎖
　｜みりん　20㎖
　｜醤油　20㎖
　｜砂糖　小さじ1
水溶き片栗粉　適量
木の芽　適宜

低温調理 ｜ 66℃ ｜ 50分

1. もち米は浸水せずにすぐに炊く。
   もち米をよく研いで洗い、ザルに上げる。
   小鍋にもち米と同量の水（分量外）を入れて表面を平らにする。
   蓋をして中火にかけ、沸騰したら弱火で10分炊く。
   蒸らさずにバットに広げ、水分を飛ばして冷ます。
2. イカは内臓とゲソを引き抜く。
   軟骨を取り、胴体とゲソは塩適量（分量外）をまぶして
   もんで洗い、さっと湯通しして冷水に落とす。
   ゲソは5㎜角に切り、炊いたもち米と混ぜる。
   Aは混ぜ合わせておく。
3. イカの胴体にもち米を詰め、つまようじで留める［a］。
   密閉袋にAとともに入れ、真空にする。
4. 湯の温度を66℃に設定し、
   設定温度になったら50分加熱する。

仕上げ

5. イカめしを袋から取り出し、
   1.5cm幅の輪切りにして器に盛る（煮汁は取っておく）。
6. 小鍋に煮汁を入れて軽く煮詰め、
   水溶き片栗粉で軽くとろみをつける。
   5のイカめしに回しかけ、好みで木の芽を添える。

a

鰯の梅煮

鯖の味噌煮

77℃でじっくり火を通すので、小さな鰯は骨まで食べられます。煮汁が焦げつく心配もないのが、低温調理ならではのよさ。大きめの鰯を使う場合は、内臓を除き、筒切りにして調理してください。

鰯の梅煮

Seafood 09

材料《2人分》
鰯　200g（小6尾）
梅干し　2個
しょうが（薄切り）　5g
酒　大さじ1
みりん　大さじ1
醤油　大さじ1

| 低温調理 | 77℃ | 約4時間 |

1. 鰯は頭と内臓を取り除き、水洗いする。
   塩適量（分量外）をまぶして10分ほど置き、洗って湯通しする。
2. 鰯の水気をペーパータオルでふき取り、
   密閉袋に残りの材料とともに入れ、真空にする。
3. 湯の温度を77℃に設定し、
   設定温度になったら約4時間加熱する。
   もしくは、66℃で30分加熱すると骨まで食べられないが、
   身がしっとりやわらかく食べられる。

低温調理後は煮汁ごと耐熱容器に入れ、オーブントースターで香ばしく焦げ目がつく程度に焼いてもよいです。66℃でしっとり仕上げますが、少しかたい身が好みの場合は、77℃で調理しても。

鯖の味噌煮

Seafood 10

材料《2人分》
- 鯖　200g（2切れ）
- しょうが（薄切り）　5g
- 長ねぎ（青い部分）　適量
- A
  - 酒　大さじ1
  - みりん　大さじ1
  - 醤油　小さじ2
  - 味噌　小さじ2
  - 砂糖　小さじ1

| 低温調理 | 66℃ | 40分 |

1. 鯖の皮目に十字の切り込みを入れる。塩適量（分量外）をまぶして10分ほど置き、洗って湯通しする。Aは混ぜ合わせておく。
2. 鯖の水気をペーパータオルでふき取り、密閉袋にしょうが、長ねぎ、Aとともに入れ、真空にする。
3. 湯の温度を66℃に設定し、設定温度になったら40分加熱する。

| 仕上げ |

4. 鯖を袋から取り出し、器に盛る（煮汁は取っておく）。
5. フライパンに煮汁を入れて軽く煮詰め、4の鯖に回しかける。

カレイのほかに、鰤やオコゼ、鱈などもこのレシピで調理できます。れんこんやごぼうを加える場合は、セルロースに火が通らないので、必ず下茹でしてから加えましょう。88℃だと鰤と大根を組み合わせた鰤大根も楽しめます。

カレイの煮つけ
Seafood 11

材料《2人分》
カレイ　240g(2切れ)
れんこん(薄切り)　40g
しょうが(薄切り)　5g
A｜酒　大さじ1
　｜みりん　大さじ1
　｜砂糖　大さじ1
　｜醤油　大さじ1

| 低温調理 | 66℃ | 40分 |

1. れんこんは2〜3分茹で、ザルに上げる。カレイは塩適量(分量外)をまぶして10分ほど置き、洗って湯通しする。Aは混ぜ合わせておく。
2. カレイの水気をペーパータオルでふき取る。密閉袋にれんこん、しょうが、Aとともに入れ、真空にする。
3. 湯の温度を66℃に設定し、設定温度になったら40分加熱する。

Vegetable & Fruit

野菜と果物

タンパク質の調理に向いているとされている低温調理ですが、食感を残す浅漬け、ピクルスなども、少ない煮汁で芯まで味が染み込んでおいしくなります。またペクチンを多く含む野菜や果物ならば、88℃でやわらかくなり、ジャムやスープ、煮物までレシピは広がります。

はじめに試したいレシピ

トマトのマリネ

Vegetable 01

生でも食べられる野菜は低温調理をすることで、型崩れなく、やわらかく火が通ります。しかも調味料は少量で十分。トマトは湯むきすることで芯まで味が染み込みます。面倒であれば、ピケするだけでもかまいません。大きなトマトであれば、ざく切りにしてください。

材料 《作りやすい分量》
ミニトマト　300g
塩　1%(3g)
スイートバジル　4枚
オリーブオイル　大さじ1強

皮をむく
ミニトマトはヘタを取る。沸騰している湯に入れて5秒したら氷水に取り、冷えたらザルに上げて皮をむく。

真空密閉する
密閉袋にミニトマト、塩、スイートバジル、オリーブオイルを入れ、潰れないように軽く混ぜて真空にする。湯の温度を66℃に設定し、設定温度になったら30分加熱する。

即席ザワークラウト

Vegetable 02

44℃だと塩麹の発酵力もそのまま生きています。キャベツを白菜、ローリエをゆずの皮に替えて、和風にアレンジしても。

材料《作りやすい分量》
キャベツ　200g
ローリエ　1枚
白ワインビネガー
　（または好みの酢）　20ml
塩麹（酵素が生きているもの）
　小さじ2
塩　少々

低温調理	44℃	50分

1. キャベツは細切りにする。密閉袋にすべての材料を入れ、軽く混ぜて真空にする。
2. 湯の温度を44℃に設定し、設定温度になったら50分加熱する。冷めたら冷蔵庫で3週間保存可能。

ミックスピクルス
Vegetable 03

歯応えを楽しめるピクルスは、好みの野菜、ハーブ、スパイスを組み合わせて楽しんでください。真空なので、日持ちもします。

| 低温調理 | 44℃ | 30分 |

1. 野菜は4cm長さの棒状に切る。ピクルス液の材料は混ぜておく。密閉袋にすべての材料を入れ、軽く混ぜて真空にする。
2. 湯の温度を44℃に設定し、設定温度になったら30分加熱する。冷めたら冷蔵庫で3週間保存可能。

材料《作りやすい分量》
きゅうり　50g
にんじん　50g
セロリ　30g
パプリカ(赤・黄)　各30g
うずらの卵(茹で)　2個
ピクルス液
　白ワインビネガー
　　(または好みの酢)　大さじ2
　砂糖　大さじ3
　塩　小さじ½強
　ローリエ　1枚
　粒胡椒　3粒

Vegetable 04 マッシュルームのポタージュ

作って冷凍しておくと便利です。加熱後は、好みでジューサーにかけても。じゃがいもを多めにしてビシソワーズにもできます。

材料《2人分》
マッシュルーム　80g
玉ねぎ　50g
じゃがいも　50g
チキンブイヨン　300ml
生クリーム　20ml
バター　10g
塩・胡椒　各少々

| 低温調理 | 88℃ | 30分 |

1. マッシュルームは薄切り、玉ねぎはみじん切り、じゃがいもは皮をむいて1cm角に切る。
2. 鍋にバターを中火で熱し、玉ねぎを炒めて冷ます。密閉袋に生クリーム以外の材料を入れて真空にする。
3. 湯の温度を88℃に設定し、設定温度になったら30分加熱する。

仕上げ

4. やけどをしないように袋の上からタオルなどを使ってじゃがいもを潰してとろみをつける。生クリームを加えて軽く混ぜ、器に盛る。冷めたら冷蔵庫で2日、冷凍庫で1か月保存可能。

トマトのスープ
Vegetable 05

フレッシュトマトの酸味を味わえるスープ。袋の上から具材を潰しているので、トロトロの仕上がりです。好みでハーブを加えても。

材料《2人分》
完熟トマト　300g
玉ねぎ　50g
チキンブイヨン　1/2カップ
はちみつ　小さじ1
バター　10g
塩・胡椒　各少々

| 低温調理 | 88℃ | 30分 |

1. トマトはヘタを取って湯むきし、1cm角に切る。玉ねぎはみじん切りにする。
2. 鍋にバターを中火で熱し、玉ねぎを炒めて冷ます。密閉袋にすべての材料を入れて真空にする。
3. 湯の温度を88℃に設定し、設定温度になったら30分加熱する。

| 仕上げ |

4. やけどをしないように袋の上からタオルなどを使って全体を潰し、器に盛る。
冷めたら冷蔵庫で2日、冷凍庫で1か月保存可能。

ポテトサラダ
Vegetable 06

ペクチンを含む野菜なら、88℃でやわらかくなります。かぼちゃ、さつまいもなども、サラダにして楽しめます。

材料《2人分》
じゃがいも　250g
にんじん　30g
塩　1％(2.8g)
きゅうり　50g
ハム　20g
茹で卵　1個
マヨネーズ　大さじ3
胡椒　少々

| 低温調理 | 88℃ | 40分 |

1. じゃがいもは2cm角、にんじんは2mm厚さのいちょう切りにする。
2. 密閉袋にじゃがいも、にんじん、塩を入れて軽く混ぜ、真空にする。
3. 湯の温度を88℃に設定し、設定温度になったら40分加熱する。

| 仕上げ |

4. きゅうりは輪切りにして塩適量(分量外)をまぶし、10分ほどしたら洗って水気を絞る。
　ハムは短冊切り、茹で卵は殻をむいて1cm角に切る。
5. 袋の上からじゃがいもを軽く潰し、にんじんとともにボウルに移して粗熱を取る。
　4、マヨネーズ、胡椒を加えて混ぜ合わせる。

かぼちゃの煮物

Vegetable 07

かぼちゃは味が染みやすいように、薄く皮をむいてから調理するのがコツ。煮崩れせず、煮詰める必要もないので、手軽です。

| 低温調理 | 88℃ | 30分 |

1. かぼちゃは皮を薄くむき、大きめのひと口大に切る。
2. 密閉袋にすべての材料を入れて軽く混ぜ、真空にする。
3. 湯の温度を88℃に設定し、設定温度になったら30分加熱する。

材料《2人分》
かぼちゃ　250g
出汁　1/2カップ
みりん　大さじ1
砂糖　大さじ1
醤油　大さじ1

甘酒

Vegetable 08

材料《作りやすい分量》
米麹　200g
水　2カップ

低温調理 | 55℃ | 3時間

1. 密閉袋に米麹と水を入れて真空にする。
2. 湯の温度を55℃に設定し、設定温度になったら3時間加熱する。好みでミキサーにかけたり、袋ごと冷凍してアイスにする。冷めたら冷蔵庫で4～5日、冷凍庫で1か月保存可能。

米麹を常備しておけば、いつでもお手製の甘酒が作れ、55℃で麹菌の発酵力もそのまま。茹であずきやしょうが、ブルーベリーを加えても。冷凍すれば、ねっとりとした甘いアイスクリームに変身します。

しょうがシロップ
Vegetable 09

材料《作りやすい分量》
しょうが　40g
砂糖　大さじ4
はちみつ　大さじ2
鷹の爪　1本
粒黒胡椒　3粒
水　½カップ

低温調理	66℃	30分

1. しょうがは薄切りにする。
2. 密閉袋にすべての材料を入れて真空にする。
3. 湯の温度を66℃に設定し、
   設定温度になったら30分加熱する。
   冷めたら冷蔵庫で1日置くと使い頃。
   冷蔵庫で2〜3週間保存可能。

しょうがの香りと成分をじっくり引き出したシロップです。風邪予防や、疲れたときなどにもおすすめ。湯で割ったり、冷たい炭酸水で割ったり、好みの楽しみ方で飲みましょう。豚肉のしょうが焼きの調味料にも使えます。

ブルーベリーソース

Fruit 01

トロトロの果物ソースはアイスクリームにかけたり、ヨーグルトにかけたりと便利です。ざく切りにした洋梨やキウイフルーツでも。

| 低温調理 | 88℃ | 30分 |

1. 密閉袋にすべての材料を入れて軽く混ぜ、真空にする。
2. 湯の温度を88℃に設定し、設定温度になったら30分加熱する。
   冷めたら冷蔵庫で2〜3週間、冷凍庫で1か月保存可能。

材料《作りやすい分量》
ブルーベリー　200g
砂糖　大さじ7
レモン果汁　大さじ1

フルーツポンチ
Fruit 02

食感を残しつつ、芯までシロップが染み込んだフルーツポンチは絶品。オレンジ、りんご、チェリーなど、季節の果物でどうぞ。

材料《作りやすい分量》
パイナップル　正味100g
プラム　100g
ぶどう　100g
砂糖　大さじ3
オレンジのリキュール
　（または白ワイン）　小さじ2
レモン果汁　小さじ2
水　1/2カップ

低温調理 | 66℃ | 30分

1. パイナップルとプラムはひと口大に切る。密閉袋にすべての材料を入れて真空にする。
2. 湯の温度を66℃に設定し、設定温度になったら30分加熱する。
3. 氷水で冷やし、冷めたら冷蔵庫で1週間保存可能。そのまま食べたり、炭酸水で割って楽しむ。

果物　野菜

セミドライのアプリコットを使った濃厚アイス。凍らせずに、そのままソースとして楽しんでも。また、季節であれば、生のアプリコットを使ってもおいしいです。ペクチンが多い果物であれば、同じレシピでいろいろ作れます。いちご、カシス、ブルーベリーもおすすめです。

アプリコットアイス
Fruit 03

材料《作りやすい分量》
アプリコット（セミドライ）
　100g
シナモンスティック　1本
砂糖　大さじ3
水　250mℓ

| 低温調理 | 88℃ | 30分 |

1. アプリコットはみじん切りにする。密閉袋にすべての材料を入れて真空にする。
2. 湯の温度を88℃に設定し、設定温度になったら30分加熱する。冷めたら冷凍し、「凍ってきたら混ぜる」を繰り返してアイスにする。そのままソースにしてもよい[a]。

a

107 　野菜　果物

ピーチのコンポート

りんごの赤ワイン煮

いちじくや洋梨、柿でも作れます。いちじくの場合は皮をむかずにピケし、加熱してください。ゼリーにしたり、凍らせてクラッシュにしてアイスにしたり、炭酸水に入れて崩しながら食べても。

ピーチのコンポート

Fruit 04

材料《作りやすい分量》
桃　1個
砂糖　大さじ3
キルシュ酒　小さじ2
レモン果汁　小さじ2
水　½カップ

低温調理	66℃	30分

1. 桃は湯むきする。種に沿って切り込みを入れ、ひねって半分にして種を取る。
2. 密閉袋にすべての材料を入れて真空にする。
3. 湯の温度を66℃に設定し、設定温度になったら30分加熱する。
4. 氷水で冷やし、冷めたら冷蔵庫で10日間保存可能。

カスタードクリームを添えたり、タルト生地にのせたり、潰してパイ生地で包んで焼くのも。豚肉のつけ合わせにもぴったりです。今回はクローブを入れましたが、シナモンスティックなど、好みのスパイスで、香りをつけてください。

りんごの赤ワイン煮

Fruit 05

材料《作りやすい分量》
りんご　1個
赤ワイン　½カップ
砂糖　大さじ4
クローブ　1本

低温調理	88℃	30分

1. りんごは皮をむき、12等分にして芯を取り除く。
2. 小鍋に赤ワインと砂糖を入れ、5分ほど中火で煮て、アルコール分を飛ばす。火を止め、粗熱を取る。
3. 密閉袋にりんご、2、クローブを入れ、真空にする。
4. 湯の温度を88℃に設定し、設定温度になったら30分加熱する。冷めたら冷蔵庫で2〜3週間保存可能。

果物
野菜

川上文代

千葉県・館山出身。辻調理師専門学校を卒業後、同校職員として12年間勤務。フランス三ツ星レストラン"ジョルジュ・ブラン"での研修をはじめ、辻調理師専門学校(大阪)、同グループであるフランス・リヨン校、エコール辻東京にて、プロ料理人の育成に勤める。1996年渋谷区に「デリス・ド・キュイエール」を開設し、本格的なフレンチ、イタリアン、パティスリーを中心に、基本の家庭料理、世界の料理、オリジナリティ豊かな料理を提案する。辻調理師学校外来講師、NHKきょうの料理講師、雑誌や新聞へのレシピ掲載、企業での料理開発、南房総・館山クッキング大使としても活躍。近著に『高血圧を予防する減塩なのにおいしいレシピ』(マイナビ出版)、『副菜いらずの満足ガレット 体にうれしいそば粉で作る』(誠文堂新光社)など多数。

装幀　塙 美奈［ME&MIRACO］
撮影　邑口京一郎
スタイリング　中里真理子
編集　小池洋子［グラフィック社］
低温調理器具問い合わせ先　株式会社池商（tel.042-795-4311）
料理アシスタント　阿部和枝・杉山麻衣子・高橋好美・入口栄次郎・福原友里恵

家庭料理の大革命
低温真空調理のレシピ

2018年11月25日　初版第1刷発行

著者　　川上文代
発行者　長瀬 聡
発行所　株式会社グラフィック社
　　　　〒102-0073　東京都千代田区九段北1-14-17
　　　　tel.03-3263-4318（代表）　03-3263-4579（編集）
　　　　郵便振替　00130-6-114345
　　　　http://www.graphicsha.co.jp

印刷・製本　図書印刷株式会社

定価はカバーに表示してあります。
乱丁・落丁本は、小社業務部宛にお送りください。小社送料負担にてお取り替え致します。
著作権法上、本書掲載の写真・図・文の無断転載・借用・複製は禁じられています。
本書のコピー、スキャン、デジタル化等の無断複製は著作権法上の例外を除き禁じられています。
本書を代行業者等の第三者に依頼してスキャンやデジタル化することは、
たとえ個人や家庭内での利用であっても著作権法上認められておりません。
ISBN978-4-7661-3248-9　Printed in Japan